ENGENHARIA DA LIBERDADE

Ernesto P. Neto

Liberdade é muito mais que governos podem garantir.

"Não há nada que o governo possa te dar, que não tenha tirado de você"

WISTON CHURCHILL

"Não há nada que o governo possa te dar, que não tenha tirado de você"

ÍNDICE

INTRODUÇÃO

A Física da Liberdade

Liberdade é um conceito frequentemente explorado pelas artes e pela filosofia, mas raramente encarado sob a ótica da ciência. Nesta obra, propomos um olhar inovador: a liberdade como um fenômeno físico, que obedece a leis universais e se manifesta nas dimensões do espaço, do tempo e da matéria. Assim como um corpo em movimento é regido pelas leis da física, a liberdade pode ser entendida, medida e até projetada dentro dessas mesmas estruturas fundamentais.

Espaço é onde a liberdade começa. É o território onde nos movemos, agimos e interagimos. Sem espaço, não há possibilidade de escolha ou ação. Porém, o espaço da liberdade não é apenas físico — ele é mental, social e espiritual. Trata-se de abrir caminhos para novas possibilidades, rompendo com barreiras impostas por sistemas, culturas e, muitas vezes, por nós mesmos. A engenharia da liberdade implica na expansão desse espaço, criando condições para que cada indivíduo alcance sua máxima expressão e autonomia.

Tempo, por sua vez, define os limites e as oportunidades da liberdade. É nele que habitam nossas escolhas, nossas histórias e nossos futuros potenciais. A liberdade no tempo exige que aprendamos a romper com o peso do passado e as ansiedades do futuro, vivendo plenamente no presente, mas também planejando e construindo de forma consciente. O tempo é o campo onde nossos atos ganham significado, e compreender sua dinâmica é essencial para projetar uma liberdade sustentável e duradoura.

Matéria dá forma à liberdade. Ela representa o corpo, os recursos e as estruturas tangíveis que moldam nossas experiências. Liberdade não é apenas uma ideia — ela precisa ser concretizada em ações, objetos e sistemas. Assim como a matéria interage com forças invisíveis, a liberdade precisa de catalisadores para se manifestar: ideias claras, meios práticos e a coragem para transformar o imaterial em realidade palpável.

PREFÁCIO

A liberdade é uma aspiração que atravessa eras e civilizações, carregando consigo o peso dos sonhos humanos e o desafio da construção prática. No entanto, enquanto muitos a concebem como um ideal abstrato, esta obra se propõe a algo mais audacioso: tratá-la como uma ciência, uma arte e, sobretudo, uma engenharia. **"Engenharia da Liberdade"** é uma convocação para construir, com ferramentas precisas e métodos sólidos, os alicerces de uma existência autônoma e plena.

Vivemos em uma era em que o conceito de liberdade é, ao mesmo tempo, exaltado e mal compreendido. Muitas vezes, é confundido com a simples ausência de restrições externas, negligenciando os fatores internos que também aprisionam o ser humano – medos, crenças limitantes, sistemas opressores invisíveis. Esta obra examina essas amarras e oferece soluções práticas para desmontá-las, peça por peça, como faria um engenheiro diante de uma máquina complexa.

A proposta aqui apresentada não é meramente filosófica, mas profundamente funcional. A liberdade não se alcança apenas com teorias; ela precisa ser projetada, testada e aperfeiçoada, tal como uma ponte que conecta margens opostas. Estamos rumo à compreensão de que a liberdade possui degraus, e, mesmo sendo um direito natural, ainda não conhecemos todas as dinâmicas que a fundamentam.

CAPÍTULO 1

A Liberdade sob a Luz dos Filósofos Antigos e Clássicos

A busca pela liberdade acompanha a humanidade desde seus primeiros passos na organização social e no pensamento reflexivo. Para os filósofos antigos e clássicos, a liberdade era um conceito central, mas abordado de maneiras distintas conforme os contextos históricos, culturais e as inquietações de cada época. Este capítulo examina como esses mestres pensaram a liberdade, lançando as bases para as reflexões modernas e para o desenvolvimento da "Engenharia da Liberdade".

Grécia Antiga: Liberdade e a Virtude
Na Grécia Antiga, a liberdade era inicialmente concebida como uma questão política. Para os gregos, ser livre era não estar sob o jugo de um tirano ou de uma força externa. Contudo, essa concepção evoluiu para incluir também a liberdade interior — a autonomia sobre si mesmo.

Sócrates acreditava que a verdadeira liberdade estava ligada à sabedoria. Para ele, um homem livre era aquele que conhecia a si mesmo e vivia de acordo com a virtude. O autoconhecimento era, portanto, a chave para escapar das correntes invisíveis da ignorância e da influência das paixões descontroladas.
Platão, discípulo de Sócrates, enxergava a liberdade como algo transcendental. Ele argumentava que o ser humano só seria

realmente livre quando escapasse das sombras do mundo sensível e alcançasse o mundo das ideias. Em A República, ele propõe que a liberdade verdadeira é guiada pela razão e pela justiça, não pelos desejos irracionais.

Aristóteles, por sua vez, trouxe a liberdade para o campo ético. Para ele, ser livre era agir de acordo com a virtude, escolhendo deliberadamente o bem. Ele introduziu a ideia de que a liberdade envolve uma relação equilibrada entre o indivíduo e a sociedade, afirmando que "o homem é um animal político" e só pode ser plenamente livre em comunidade.

Roma Antiga: Liberdade como Direito e Resiliência

No mundo romano, a liberdade (ou libertas) era amplamente associada à condição de ser cidadão e não escravo. Contudo, os pensadores romanos elevaram essa ideia para o campo moral e jurídico, deixando uma marca duradoura na filosofia ocidental.

Cícero defendia que a liberdade era intrínseca à natureza humana e deveria ser garantida por um sistema de leis justas. Ele associava a liberdade à ordem, argumentando que o caos e a tirania eram inimigos da verdadeira liberdade.

Sêneca, influenciado pelo estoicismo, enxergava a liberdade como uma conquista interna. Para ele, mesmo um escravo poderia ser livre se dominasse suas emoções e paixões. A liberdade estoica era, portanto, uma questão de autossuficiência e resiliência diante das adversidades externas.

Marco Aurélio, outro estoico, reforçou essa visão ao afirmar que a liberdade está na capacidade de controlar a mente e os pensamentos. Ele defendia que nada externo pode aprisionar quem possui domínio sobre seu próprio espírito.

Cristianismo e Liberdade Espiritual

Com o advento do cristianismo, a liberdade ganhou uma nova dimensão: a espiritual. Para os pensadores cristãos, a liberdade era essencialmente a possibilidade de escolher entre o bem e o mal, entre obedecer ou desobedecer a Deus.

Santo Agostinho introduziu a ideia de que a verdadeira liberdade não estava na independência, mas na submissão a Deus. Ele argumentava que o pecado escraviza, enquanto a graça divina liberta.

Essa visão se consolidou na Idade Média, onde a liberdade era muitas vezes entendida em termos espirituais e morais, mais do que políticos ou sociais.

Os filósofos antigos e clássicos lançaram as bases para as múltiplas dimensões da liberdade que exploramos hoje. Desde a autonomia interior de Sócrates até a liberdade como um direito jurídico em Roma, essas reflexões mostram que a liberdade não é um conceito único e estático, mas um fenômeno complexo que atravessa os domínios do indivíduo, da sociedade e do cosmos.

Neste capítulo, vimos como a liberdade foi inicialmente vinculada à virtude, ao autoconhecimento e à ordem. Esses pensamentos pioneiros permanecem como faróis que iluminam os desafios contemporâneos, lembrando-nos de que a liberdade não é apenas um direito a ser reivindicado, mas uma prática a ser cultivada.

No próximo capítulo, exploraremos como esses conceitos evoluíram na modernidade, onde o foco mudou para a liberdade individual, os direitos humanos e os desafios impostos pelas estruturas sociais e econômicas.

ERNESTO P. NETO

CAPÍTULO 2

A Evolução da Liberdade na Modernidade

Com o fim da Idade Média e o advento do Renascimento, a liberdade começou a se libertar, por assim dizer, das amarras exclusivamente espirituais e ganhou um novo espaço no pensamento político, social e individual. Este período trouxe uma transformação profunda no entendimento do que significa ser livre, impulsionada por avanços nas ciências, na filosofia e nos movimentos sociais.

Os filósofos modernos desafiaram as ideias herdadas da antiguidade e da teologia medieval, explorando a liberdade como algo inerente à dignidade humana e indispensável para o florescimento da sociedade. Neste capítulo, exploraremos como os mestres do pensamento moderno moldaram o conceito de liberdade em meio às revoluções intelectuais e sociais de sua época.

Renascimento e Reforma: Liberdade e a Redescoberta do Indivíduo

O Renascimento trouxe um ressurgimento do humanismo, com foco no valor e na autonomia do indivíduo. A liberdade deixou de ser apenas uma questão teológica e passou a ser explorada como algo inerente à capacidade humana de criar, decidir e transformar o mundo.

Erasmo de Roterdã exaltava a liberdade da vontade como uma característica divina no ser humano, argumentando que a escolha entre o bem e o mal dependia de uma razão iluminada.

Martinho Lutero, no contexto da Reforma Protestante, redefiniu a liberdade como um estado espiritual: a libertação da alma do controle da Igreja e da dependência das indulgências. Sua teologia sublinhou a importância da liberdade individual de interpretar a fé.

Essas ideias pavimentaram o caminho para uma compreensão mais ampla da liberdade, que não dependia exclusivamente de instituições religiosas, mas se ancorava na relação entre o indivíduo e sua consciência.

Iluminismo: Liberdade como Razão e Direito Natural

O Iluminismo representou uma verdadeira revolução no pensamento humano. Neste período, a liberdade foi alçada a um dos pilares centrais da filosofia, influenciando tanto os sistemas políticos quanto as bases éticas das sociedades ocidentais.

John Locke é frequentemente chamado de "pai do liberalismo" por seu conceito de liberdade como um direito natural. Para Locke, a liberdade individual consistia na capacidade de agir conforme a própria vontade, desde que não violasse os direitos de outros. Ele também enfatizou a relação entre liberdade e propriedade, argumentando que os indivíduos têm o direito de possuir e proteger os frutos de seu trabalho.

Jean-Jacques Rousseau, por outro lado, enxergava a liberdade em termos coletivos. Em O Contrato Social, ele argumentava que a verdadeira liberdade só poderia existir quando os indivíduos abrissem mão de suas vontades egoístas em prol da vontade geral, criando uma sociedade justa e igualitária. Para Rousseau, a liberdade não era apenas uma ausência de opressão, mas a participação ativa na construção de um bem comum.

Immanuel Kant levou a discussão para o plano moral e racional. Para ele, ser livre era obedecer a uma lei que a própria razão do indivíduo estabelecesse. Essa autonomia moral era a base de sua ética, que conectava liberdade à dignidade humana e à responsabilidade.

Revoluções Modernas: Liberdade Política e Social

As grandes revoluções dos séculos XVIII e XIX — a Revolução Americana, a Revolução Francesa e os movimentos abolicionistas — traduziram os ideais filosóficos de liberdade em ações concretas. Essas revoluções afirmaram que a liberdade não era apenas um conceito individual, mas uma força transformadora que poderia (e deveria) moldar nações inteiras.

A Revolução Americana estabeleceu a liberdade como um princípio inalienável, encapsulado na famosa frase "vida, liberdade e a busca da felicidade". Inspirados por Locke, os revolucionários americanos defenderam que governos existem para proteger os direitos naturais, e não para restringi-los.

A Revolução Francesa expandiu a noção de liberdade ao ligá-la diretamente à igualdade e à fraternidade. Liberdade, aqui, era tanto a emancipação de reis quanto a libertação de classes sociais. O movimento abolicionista trouxe à tona a questão da liberdade enquanto direito humano universal, destacando que a verdadeira liberdade não pode coexistir com sistemas de opressão como a escravidão.

Liberdade e o Nascimento da Economia Moderna

A liberdade individual também passou a ser vista como fundamental na economia. Filósofos e economistas como Adam Smith argumentavam que um mercado livre, onde indivíduos pudessem agir sem interferências arbitrárias, era o caminho para o progresso e a prosperidade. Esse pensamento moldou a economia moderna, mas também levantou questões sobre os limites da liberdade em sistemas desiguais, algo que seria mais amplamente debatido nos séculos seguintes.

A modernidade transformou a liberdade em um dos fundamentos centrais da sociedade ocidental. Mais do que um estado de espírito ou uma aspiração abstrata, ela passou a ser vista como um direito universal e uma condição indispensável para o progresso humano.

Neste capítulo, vimos como os filósofos e movimentos revolucionários da modernidade ampliaram o conceito de liberdade, unindo o pensamento racional à ação prática. No entanto, com essas novas definições também vieram tensões: entre liberdade individual e coletiva, entre autonomia e responsabilidade, e entre direitos e desigualdades.

CAPÍTULO 3

A Física da Liberdade – Distâncias Humanas entre o Ambiente Rural e as Grandes Cidades

A transição da vida rural para a urbana trouxe uma nova dinâmica às relações humanas e à percepção da liberdade. O deslocamento em direção às grandes cidades, fenômeno intensificado pela Revolução Industrial e pelo crescimento demográfico, não apenas alterou o espaço físico que habitamos, mas também redefiniu as distâncias — tanto concretas quanto simbólicas — entre as pessoas. Neste capítulo, utilizamos a metáfora da física para entender como essas distâncias, medidas em espaço, tempo e densidade populacional, influenciam o exercício da liberdade.

A Liberdade nas Áreas Rurais: Proximidade com o Espaço e o Tempo

No ambiente rural, a vida é marcada por uma relação íntima com o espaço e o tempo. As distâncias geográficas são amplas, mas a densidade populacional reduzida favorece uma proximidade simbólica e social.

Espaço: No campo, a liberdade é muitas vezes percebida como amplidão. A vastidão das terras e a conexão com a natureza oferecem uma sensação de independência. Os indivíduos têm maior controle sobre seu entorno imediato, sejam terras cultiváveis ou recursos naturais, o que reforça um senso de autonomia.

Tempo: A liberdade no campo é também uma questão de ritmo. O tempo é regido por ciclos naturais — o nascer e o pôr do sol, as estações do ano. Esse tempo "orgânico" proporciona uma experiência de liberdade mais fluida, onde as pressões do relógio urbano ainda não prevalecem.

Contudo, a liberdade no meio rural enfrenta limitações. A dependência direta dos recursos locais, a falta de infraestrutura e o isolamento social podem restringir o acesso a oportunidades econômicas, educacionais e culturais.

A Liberdade Urbana: Proximidade Física e Distância Simbólica

As grandes cidades, por outro lado, apresentam uma dinâmica radicalmente diferente. A proximidade física entre as pessoas é maior devido à alta densidade populacional, mas essa proximidade muitas vezes se traduz em distanciamento simbólico e social.

Espaço: O ambiente urbano é definido por uma compressão espacial. As distâncias físicas entre moradias, locais de trabalho e serviços são reduzidas em relação ao campo, mas a compartimentalização do espaço limita a percepção de liberdade. Na cidade, a liberdade de movimento é frequentemente restringida por congestionamentos, infraestrutura insuficiente e desigualdades no acesso a espaços públicos.

Tempo: O tempo urbano é acelerado, ditado por agendas, prazos e a busca incessante por eficiência. Essa aceleração cria tensões entre a liberdade de escolha individual e as exigências impostas pela vida na metrópole.

Paradoxalmente, embora as cidades ofereçam maior acesso a oportunidades, a sensação de liberdade muitas vezes é obscurecida por pressões econômicas, sociais e psicológicas.

As Distâncias Simbólicas entre Pessoas

A física da liberdade também se manifesta nas relações humanas. No campo, a menor densidade populacional incentiva laços comunitários mais estreitos e uma dependência mútua que pode ser libertadora, mas também limitante. Nas cidades, o contato constante com milhares de pessoas dilui essas conexões, criando distâncias simbólicas que resultam em anonimato e alienação.

No ambiente rural, as conexões interpessoais são mais profundas, mas podem ser marcadas por expectativas sociais rígidas. A liberdade individual pode ser limitada por normas culturais e pela falta de diversidade de perspectivas.

Nas cidades, a diversidade cultural e social cria um terreno fértil para a expressão individual, mas essa liberdade pode ser acompanhada pela solidão e pela sensação de desconexão em meio a uma multidão.

A Liberdade em Movimento: Entre o Rural e o Urbano

Muitas pessoas transitam entre esses dois mundos ao longo de suas vidas, em busca de liberdade econômica, cultural ou pessoal. Esse movimento revela os contrastes entre os dois ambientes: enquanto o campo representa uma liberdade enraizada no espaço e no tempo, a cidade simboliza uma liberdade moldada pela velocidade e pela diversidade.

A tecnologia também desempenha um papel importante nessa dinâmica. As redes de transporte e comunicação encurtam distâncias físicas e temporais, conectando o campo e a cidade de maneiras antes inimagináveis. Entretanto, essas conexões não eliminam completamente as disparidades, e a liberdade continua a ser experimentada de formas diferentes nesses contextos.

A física da liberdade, aplicada ao deslocamento entre o rural e o urbano, nos mostra que a liberdade não é apenas uma questão de espaço e tempo, mas também de percepções e relações humanas. No campo, a liberdade é vivida na vastidão do espaço e na cadência do tempo. Na cidade, ela é experimentada na proximidade física, mas muitas vezes desafiada por distâncias sociais e emocionais.

Compreender essas dinâmicas é essencial para projetar um futuro onde a liberdade possa ser equilibrada entre os diferentes modos de vida, seja em ambientes rurais ou urbanos. No próximo capítulo, exploraremos como a engenharia social e tecnológica pode moldar um ambiente mais equilibrado para o exercício da liberdade em um mundo cada vez mais conectado.

CAPÍTULO 4

O Som como Princípio de Liberdade e Instrumento de Escravidão Moderna

O som é uma das forças mais universais e poderosas da experiência humana. Ele conecta, emociona, inspira e informa. No entanto, como toda ferramenta poderosa, ele possui um lado duplo: pode ser um veículo de liberdade, ao permitir expressão criativa, comunicação e transformação cultural, mas também pode ser usado como instrumento de manipulação, controle e alienação. Neste capítulo, exploraremos como o som se torna um princípio de liberdade, mas também como ele pode ser instrumentalizado para perpetuar formas de opressão na modernidade.

Som e Liberdade: Expressão Criativa e Identidade

Desde os primeiros instrumentos criados pela humanidade até a complexidade da música contemporânea, o som é uma expressão profunda da liberdade humana. Ele rompe barreiras linguísticas, geográficas e culturais, conectando pessoas e transcendendo limitações físicas.

A música como liberdade individual: A criação musical é um ato de autonomia e autodescoberta. Ao compor ou tocar um instrumento, o indivíduo experimenta uma forma de liberdade que transcende palavras, dando voz a emoções e ideias que seriam difíceis de expressar de outra forma.

Som e resistência: Ao longo da história, músicas e canções têm sido usadas como ferramentas de resistência e protesto. Desde os cânticos de liberdade nas revoluções, passando pelos hinos abolicionistas, até os movimentos dos direitos civis, o som é um meio pelo qual as vozes marginalizadas encontram força coletiva.

Espaços de identidade: Para muitas culturas, o som é uma forma de preservar tradições e expressar identidades únicas. Ritmos, melodias e harmonias carregam a memória de povos, servindo como um lembrete constante de que a liberdade cultural reside na preservação da diversidade sonora.

O Som como Escravidão: Manipulação e Controle na Modernidade

Se por um lado o som é um canal de liberdade, por outro, ele também pode ser usado como uma ferramenta de manipulação, criando um tipo de escravidão moderna. Na sociedade contemporânea, onde a tecnologia amplificou o alcance do som, os impactos negativos tornamse mais evidentes.

O som como opressão ambiental: Nas grandes cidades, o excesso de ruído — gerado por máquinas, tráfego e outros fatores — cria um ambiente de estresse e alienação. Esse "ruído constante" reduz a capacidade de concentração, afeta a saúde mental e diminui a sensação de liberdade ao tornar o silêncio uma mercadoria rara.

Propaganda sonora e controle de massas: A publicidade e a comunicação moderna utilizam o som como uma ferramenta de persuasão. Jingles, slogans sonoros e trilhas cuidadosamente projetadas são usados para manipular emoções, moldar comportamentos de consumo e reforçar sistemas econômicos que, muitas vezes, limitam a liberdade financeira das pessoas.

Som no ambiente de trabalho: Em fábricas, escritórios ou call centers, o som pode ser usado como uma ferramenta de vigilância e controle. Alarmes, toques e comandos auditivos são projetados para regular o comportamento dos trabalhadores, reduzindo a liberdade de escolha e impondo ritmos de trabalho desumanos.

A Dependência Moderna de Sons: Entre Liberdade e Alienação

Na era digital, o som também está no centro de uma nova forma de escravidão: a dependência tecnológica. Serviços de streaming, notificações incessantes de dispositivos e algoritmos sonoros criam uma cultura onde o silêncio é constantemente interrompido.

Música sob algoritmos: Embora plataformas como Spotify ou YouTube democratizem o acesso à música, elas também restringem a liberdade de descoberta ao priorizar conteúdos otimizados para retenção de audiência. Isso reduz a diversidade sonora disponível e limita as escolhas do ouvinte a um conjunto prédeterminado por interesses comerciais.

Notificações e distrações: Sons de notificações de aplicativos e dispositivos pessoais tornamse uma forma de controle, fragmentando a atenção e condicionando comportamentos. A liberdade de decidir cómo e quando usar a tecnologia é, muitas vezes, sacrificada em nome de conveniências impostas.

O Silêncio como Contraponto e Liberdade Interior

Se o som pode ser usado como opressão, o silêncio emerge como uma forma de resistência e libertação. Na meditação, na contemplação e na fuga do ruído urbano, o silêncio permite que as pessoas recuperem o controle sobre seus pensamentos e emoções.

Silêncio como poder: Em muitas tradições espirituais, o silêncio é visto como uma forma de conexão com o eu interior e com o universo. Ele permite um momento de pausa para reflexão, algo essencial para a liberdade mental e emocional.

Direito ao silêncio: No contexto moderno, campanhas e movimentos têm surgido para proteger o direito ao silêncio em áreas urbanas, promovendo políticas para reduzir a poluição sonora e criar espaços de tranquilidade.

O som, como parte intrínseca da experiência humana, reflete o paradoxo da liberdade moderna. Ele pode inspirar, empoderar e conectar, mas também manipular, controlar e alienar. Ao reconhecer seu impacto nas dimensões física, emocional e cultural, tornase possível construir um equilíbrio que resgate o poder libertador do som e minimize seus efeitos opressores.

No próximo capítulo, discutiremos como as ferramentas tecnológicas e sociais podem ser usadas para reconfigurar nossa relação com o som, permitindo uma convivência mais harmoniosa entre liberdade sonora e silêncio interior.

CAPÍTULO 5

Tecnologias do Som – Libertação ou Controle?

O som tem sido moldado e amplificado pelas tecnologias ao longo da história, desde os primeiros instrumentos musicais até os sofisticados dispositivos de áudio digital. Mas essa evolução não é neutra. As tecnologias do som têm o poder de libertar a criatividade e expandir as possibilidades de comunicação, mas também podem se tornar ferramentas de vigilância, controle e alienação. Neste capítulo, exploramos o papel dessas tecnologias na construção da liberdade e na imposição de novas formas de escravidão moderna.

Som como Tecnologia de Libertação

Desde o fonógrafo até o streaming de música, os avanços tecnológicos expandiram a acessibilidade ao som e à música de maneiras antes inimagináveis.

A democratização da criação musical: Com softwares de

edição de áudio, instrumentos eletrônicos e plataformas de compartilhamento digital, qualquer pessoa com acesso à tecnologia pode criar, editar e distribuir música. Isso rompe barreiras econômicas e geográficas, permitindo que novas vozes e culturas entrem no cenário global.

A liberdade da comunicação sonora: Tecnologias como o rádio, o telefone e os serviços de videoconferência criaram conexões entre pessoas em diferentes partes do mundo. O som tornouse um canal essencial para unir comunidades, organizar movimentos sociais e compartilhar conhecimento.

A personalização da experiência sonora: Fones de ouvido, playlists e tecnologias de áudio espacial permitem uma experiência auditiva íntima e individualizada, dando às pessoas a liberdade de moldar o ambiente sonoro que desejam experimentar.

Tecnologias do Som como Ferramentas de Controle

Apesar de seus benefícios, as tecnologias do som também carregam um lado sombrio. Muitas vezes, elas são usadas como instrumentos para limitar a liberdade, seja por meio da vigilância, da manipulação ou da imposição de padrões comportamentais.

Som como vigilância: Em espaços públicos e privados, microfones embutidos em dispositivos conectados (como assistentes virtuais) podem ser usados para monitorar conversas e atividades. Isso levanta questões sobre privacidade e liberdade individual em um mundo onde "ouvidos eletrônicos" estão em todos os lugares.

Manipulação sonora: Tecnologias de áudio, como as utilizadas em publicidade ou em discursos políticos, podem explorar frequências e ritmos que influenciam o subconsciente, moldando decisões e comportamentos sem o consentimento consciente dos indivíduos.

Conformismo cultural através do som: As plataformas de música digital, ao utilizarem algoritmos para recomendar conteúdo, criam bolhas sonoras que reduzem a diversidade cultural e reforçam padrões musicais hegemônicos. Isso limita a liberdade de descoberta e a conexão com expressões artísticas alternativas.

A Comercialização do Som e a Perda de Autonomia

O som, na era moderna, tornouse uma mercadoria. Serviços de streaming, dispositivos de áudio e até mesmo ambientes sonoros em locais públicos são moldados para atender interesses comerciais.

A economia do som: Plataformas de streamings transformaram o consumo de música em um modelo baseado na retenção de usuários. Isso incentiva a criação de músicas que seguem fórmulas repetitivas e que priorizam o consumo rápido em vez da experimentação artística.

Controle pelo som ambiente: Em shoppings, supermercados e restaurantes, trilhas sonoras cuidadosamente escolhidas são usadas para influenciar o comportamento dos consumidores, criando um ambiente que induz à compra ou à permanência prolongada no local.

Inovações Tecnológicas para a Liberdade Sonora

Embora as tecnologias possam ser usadas para controle, elas também oferecem oportunidades de resgatar o poder libertador do som.

Plataformas descentralizadas: A adoção de tecnologias blockchain e de redes descentralizadas permite que artistas e criadores de som mantenham o controle sobre suas obras, evitando intermediários que restringem sua liberdade criativa.

Design sonoro consciente: Iniciativas de design sonoro que respeitam o bemestar humano, como ambientes silenciosos ou trilhas sonoras terapêuticas, estão emergindo como uma resposta à poluição sonora e à manipulação auditiva.

Educação sobre som: Ensinar às pessoas como o som é usado para manipulação ou controle pode capacitálas a serem ouvintes mais críticos, capazes de reconhecer e resistir a tentativas de controle.

As tecnologias do som têm um papel ambivalente: enquanto podem ampliar a liberdade individual e coletiva, também podem ser usadas para restringila. O desafio contemporâneo é garantir que essas tecnologias sejam desenvolvidas e usadas de forma ética, promovendo a liberdade em vez de perpetuar desigualdades e opressões.

No próximo capítulo, examinaremos como as sociedades podem regulamentar e reimaginar o uso do som e das tecnologias auditivas para construir um futuro onde o som seja uma fonte de empoderamento, não de subjugação.

CAPÍTULO 6

A Regulação e o Reimaginamento do Som na Sociedade Moderna

O som, em suas múltiplas dimensões, tornouse uma força que transcende o físico, influenciando o emocional, o social e o político. No entanto, o uso desenfreado e muitas vezes irresponsável das tecnologias sonoras exige regulamentações e novas formas de pensar a relação entre o ser humano e o ambiente acústico. Este capítulo explora como as sociedades podem regular o uso do som, equilibrar os impactos negativos e reimaginar seu papel como elemento transformador e libertador.

Regulação Sonora: A Proteção contra o Ruído e a Manipulação

O excesso de sons desregulados pode comprometer a qualidade de vida, a saúde mental e a autonomia dos indivíduos. Para mitigar esses efeitos, regulamentações sonoras emergem como uma necessidade.

Controle da poluição sonora: Em áreas urbanas, o ruído excessivo de tráfego, construções e atividades comerciais impacta negativamente a saúde pública. Políticas de controle sonoro, como limites legais de decibéis, horários para atividades barulhentas e zonas de silêncio, são fundamentais para garantir um ambiente auditivo mais saudável.

Transparência no uso de som digital: Empresas que utilizam algoritmos sonoros, como plataformas de música ou dispositivos de assistentes virtuais, devem ser transparentes sobre como seus sistemas operam. Isso inclui práticas éticas no design sonoro e a não manipulação de emoções sem o consentimento do usuário.

Proteção auditiva em ambientes de trabalho: Profissionais expostos a ruídos constantes ou intensos devem contar com políticas que regulamentem os níveis de som no ambiente de trabalho, bem como o acesso a equipamentos de proteção auditiva.

O Reimaginamento do Som como Ferramenta Social e Cultural

Para além da regulação, é necessário repensar o papel do som na sociedade. Ele pode ser mais do que um elemento funcional ou mercadológico; pode ser um agente de transformação cultural e empoderamento social.

Espaços sonoros inclusivos: O design de espaços públicos pode considerar a inclusão de zonas de som controlado, onde diferentes tipos de acústica criem ambientes para relaxamento, interação social ou concentração. Exemplos incluem parques sonoros e bibliotecas com experiências auditivas imersivas.

Som como instrumento de educação: Inserir a educação auditiva nos currículos escolares pode ajudar as pessoas a entenderem melhor como o som afeta suas vidas, a identificar manipulações sonoras e a usar o som de forma consciente e criativa.

Reconexão com os sons da natureza: Iniciativas que promovam o contato com paisagens sonoras naturais, como o canto dos pássaros ou o som das ondas, podem resgatar a conexão entre os seres humanos e o ambiente, promovendo bemestar e sustentabilidade.

Tecnologias Sonoras Éticas e Sustentáveis

A inovação tecnológica no campo do som deve priorizar a ética e a sustentabilidade, assegurando que novas ferramentas sirvam à liberdade e ao bemestar humano.

Plataformas de som descentralizadas: Incentivar a criação de redes que permitam o compartilhamento de música e sons sem o controle de grandes corporações. Isso preserva a autonomia dos criadores e democratiza o acesso à diversidade sonora.

Tecnologias auditivas sustentáveis: A produção de dispositivos sonoros deve considerar materiais recicláveis e práticas que reduzam o impacto ambiental, alinhando o avanço tecnológico com a preservação do planeta.

Inteligência artificial no design sonoro: Sistemas baseados em IA podem ser usados para personalizar ambientes sonoros de acordo com as necessidades individuais, promovendo relaxamento, produtividade ou criatividade, sem infringir a privacidade ou a autonomia do usuário.

A Ética do Som e a Liberdade Coletiva

O som, enquanto elemento essencial da experiência humana, deve ser tratado com a seriedade que a ética exige. Sua regulação e reimaginação precisam partir de um consenso social que priorize o bemestar coletivo e a liberdade individual.

Debates públicos sobre o som: As decisões sobre o uso do som e de tecnologias auditivas devem incluir a participação ativa de comunidades, especialistas em saúde, ambientalistas e artistas, garantindo que diferentes perspectivas sejam ouvidas.

Direito ao silêncio: Reconhecer o silêncio como um direito humano fundamental, protegendoo por meio de políticas públicas que garantam sua preservação em ambientes urbanos e rurais.

Diversidade cultural sonora: Incentivar a preservação e a valorização de tradições sonoras de diferentes povos, assegurando que a globalização não apague expressões auditivas locais e únicas.

Reimaginar o som como ferramenta de liberdade exige ação coletiva, inovação ética e uma profunda reflexão sobre o impacto que o ambiente sonoro exerce sobre nossas vidas. Regulamentações eficazes podem mitigar os danos, mas é no uso consciente e criativo do som que reside o verdadeiro potencial para a emancipação humana.

CAPÍTULO 7

A Falta de Espaço – Como a Limitação Espacial Afeta a Liberdade do Ser Moderno

O conceito de liberdade, em sua essência, está intrinsecamente ligado ao espaço – ao movimento livre, à capacidade de escolha e à autonomia do indivíduo para explorar e se expressar sem limitações externas. Contudo, a sociedade moderna, caracterizada por sua crescente urbanização e densificação populacional, impôs um novo tipo de restrição: a falta de espaço. Esse fenômeno tem implicações profundas no comportamento humano, na saúde mental e na percepção que temos de nossa liberdade. Neste capítulo, analisamos como a escassez de espaço físico, social e psicológico influencia a liberdade do ser moderno e quais são as consequências dessa crise de espaço para a psique e a identidade individual.

A Vida em Espaços Compactos: O Impacto da Urbanização

Nas grandes cidades, a densidade populacional é um reflexo direto da falta de espaço. O crescimento urbano, ao mesmo tempo em que facilita o acesso a diversas comodidades e oportunidades, impõe severas limitações ao espaço disponível para os indivíduos. As residências tornamse menores, os espaços públicos mais congestionados e as áreas de lazer ou descanso mais escassas. A ausência de espaços amplos e privados interfere diretamente na liberdade do indivíduo de se expressar, relaxar ou até mesmo se reinventar.

A casa como prisão: O ambiente doméstico, que deveria ser um refúgio de liberdade e criatividade, tornase, para muitos, um espaço comprimido, onde as opções de movimento e a privacidade são limitadas. A falta de espaço nas residências urbanas pode gerar uma sensação constante de sufocamento, um ambiente propício à ansiedade e ao estresse, restringindo a capacidade de ser e de fazer. O indivíduo se vê preso não apenas fisicamente, mas também psicologicamente, dentro de limites impostos pelo tamanho do espaço em que vive.

O trânsito como limite ao movimento: A mobilidade, que em tempos passados representava liberdade, hoje é um campo de restrições. O tráfego intenso, a falta de transporte público eficiente e as distâncias cada vez maiores entre as áreas residenciais e os centros urbanos criam barreiras físicas à liberdade de movimento. A sensação de que o tempo e o espaço se tornam escassos gera um estado constante de frustração e limitação, impactando a qualidade de vida e a sensação de liberdade pessoal.

A compressão do tempo e do espaço psicológico: Com a vida cotidiana ocupando todo o espaço possível, o tempo e o espaço psicológicos se comprimem. O indivíduo se vê forçado a viver em um estado de urgência constante, sem espaço para o lazer, o autocuidado ou a introspecção. Isso afeta a saúde mental, já que as demandas externas entram em um ciclo de pressão contínua, enquanto a autonomia pessoal e o senso de pertencimento diminuem.

O Espaço Público e a Liberdade Coletiva

O espaço público, ou a falta dele, também tem um papel fundamental na liberdade coletiva. Em muitas cidades, o acesso ao espaço público tem sido reduzido por projetos urbanos que priorizam o consumo e o lucro, enquanto a convivência social e os espaços de interação entre os indivíduos são negligenciados.

A privatização do espaço público: A privatização de áreas urbanas, como praças e parques, tem aumentado, muitas vezes em nome da segurança e da economia, mas isso restringe o acesso das pessoas a lugares de convívio e lazer. A ideia de liberdade coletiva é minada quando os espaços de socialização são tomados por interesses privados e a interação espontânea entre os cidadãos é limitada.

Espaços de socialização limitados: Quando o acesso a espaços de interação social é restrito, a liberdade de expressão e de troca de ideias entre as pessoas diminui. O sentimento de comunidade e o fortalecimento dos laços sociais dependem de espaços abertos onde as pessoas possam se reunir livremente. A falta desses espaços leva ao isolamento, à alienação e à desconexão, criando barreiras invisíveis entre os indivíduos, mesmo quando fisicamente próximos.

O impacto na criatividade e inovação: A falta de espaços públicos adequados para a colaboração e o compartilhamento de ideias também limita a criatividade coletiva. A inovação, que muitas vezes nasce de encontros informais e da troca de pensamentos em um ambiente aberto, sofre um retrocesso quando os espaços para essas interações desaparecem. Nesse contexto, a liberdade intelectual e criativa é sufocada pela falta de espaços adequados para o livre intercâmbio de ideias.

A Falta de Espaço na Vida Digital: O Conceito de Espacialidade Virtual

À medida que as interações humanas se tornam cada vez mais digitais, surge a questão de como a falta de espaço também se manifesta no mundo virtual. Em um espaço onde a conectividade é constante, mas o isolamento é crescente, a liberdade digital pode ser uma ilusão.

O excesso de informação e a limitação do espaço mental: No mundo digital, a informação é incessante e muitas vezes esmagadora. As redes sociais, os aplicativos e as notificações nos invadem o tempo todo, tomando espaço mental e emocional. Embora a tecnologia ofereça uma aparente liberdade, ela também aprisiona a mente humana em um ciclo constante de estímulos, em que as escolhas se tornam cada vez mais limitadas e as distrações, quase impossíveis de evitar.

A hiperconectividade e o isolamento social: A conectividade digital deveria expandir a liberdade de comunicação e de relacionamento, mas muitas vezes ela resulta em um paradoxo: estamos mais conectados, mas ainda assim mais isolados. O espaço virtual, longe de ser um local de liberdade plena, pode se tornar uma prisão emocional, onde as relações são mediadas por telas e o verdadeiro contato humano se perde.

O controle das plataformas digitais sobre o espaço do usuário: As empresas de tecnologia, por meio de suas plataformas digitais, controlam cada vez mais o espaço que ocupamos na rede. As interfaces são projetadas para capturar nossa atenção, mantendonos imersos em ambientes virtuais que atendem aos seus interesses comerciais. A privacidade e a autonomia no espaço digital são cada vez mais limitadas, e a liberdade de navegar e escolher se torna uma ficção, à medida que as preferências e comportamentos dos usuários são manipulados.

O Espaço Mental e a Liberdade Pessoal

Por fim, a falta de espaço não se limita ao físico ou ao social. O impacto mais profundo e muitas vezes invisível da falta de espaço ocorre no nível psicológico. O espaço mental – a capacidade de refletir, sonhar e criar sem as limitações externas – é importante para a experiência da liberdade.

A compressão do espaço mental: O indivíduo moderno muitas vezes não encontra espaço suficiente para processar suas experiências, emoções ou pensamentos. Com a pressão constante para ser produtivo, manterse informado e alcançar uma série de objetivos impostos pela sociedade, o espaço para a introspecção e o autoconhecimento é cada vez menor. A saúde mental é diretamente afetada por essa falta de espaço, com um aumento nas taxas de ansiedade, depressão e exaustão mental.

O impacto na criatividade e na identidade pessoal: A criatividade exige espaço para florescer, e a falta de espaço interno e externo pode suprimir a capacidade de se expressar de forma única. O ser humano precisa de momentos de reflexão, contemplação e silêncio para descobrir quem é realmente e o que deseja. Quando esse espaço é restringido, a identidade se torna confusa e os caminhos da liberdade pessoal são dificultados.

A falta de espaço, seja físico, social, virtual ou psicológico, está se tornando uma das maiores limitações da liberdade do ser moderno. A compressão do espaço urbano, a privatização dos espaços públicos, o controle das interações digitais e a falta de espaço mental afetam profundamente nossa capacidade de viver plenamente e de exercer nossa autonomia. Em um mundo onde o espaço parece cada vez mais limitado, é necessário reimaginar novas formas de liberdade que não dependam apenas de grandes espaços, mas de como podemos nos conectar, expandir e encontrar liberdade dentro das limitações que nos são impostas. O verdadeiro desafio será encontrar maneiras de restaurar o espaço que nos foi retirado e criar novas formas de viver e se relacionar, tanto no mundo físico quanto no digital.

No próximo capítulo, exploraremos como as novas formas de organização e colaboração podem oferecer soluções para a crise do espaço, criando comunidades mais livres e sustentáveis.

CAPÍTULO 8

Novas Formas de Organização e Colaboração – Construindo Comunidades Mais Livres e Sustentáveis

À medida que as grandes cidades e o avanço da tecnologia impõem limitações de espaço à liberdade humana, uma questão se coloca: como podemos, como sociedade, redefinir nossa forma de organização e colaboração para criar ambientes mais livres, sustentáveis e propícios ao crescimento humano? Este capítulo explora as alternativas emergentes para a estruturação das cidades, das relações sociais e do trabalho, buscando soluções inovadoras que promovam a liberdade em meio ao cenário de escassez espacial.

Cidades Inteligentes e Sustentáveis: Uma Nova Definição de Espaço Urbano

O conceito de cidade inteligente se baseia na ideia de que a tecnologia pode ser utilizada para otimizar os espaços urbanos, tornando mais eficientes e agradáveis para seus habitantes. Ao integrar a tecnologia com o design urbano, é possível criar ambientes que promovam maior liberdade de movimento, interação e criatividade, mesmo em um espaço físico limitado.

Eficiência no uso do espaço: Em cidades inteligentes, o planejamento urbano é centrado na eficiência do uso do espaço, buscando minimizar a ocupação do solo e ao mesmo tempo maximizar a qualidade de vida dos habitantes. Exemplos de soluções incluem a utilização de prédios multifuncionais, onde um mesmo espaço pode ser usado para diversos fins ao longo do dia, como residências, escritórios e áreas de lazer. Com isso, a mobilidade é reduzida e o tempo livre é maximizado, promovendo uma sensação de liberdade, mesmo em ambientes urbanos densos.

Transporte inteligente e integração de espaços: O transporte urbano desempenha um papel importante na liberdade de movimento. Em cidades inteligentes, sistemas de transporte público são otimizados para diminuir os congestionamentos e facilitar o deslocamento rápido e sem estresse. Além disso, a integração de espaços públicos e privados, com a utilização de tecnologias como a Internet das Coisas (IoT) e sistemas de dados em tempo real, permite um uso mais fluido e conectado da cidade. Isso cria um ambiente onde as pessoas podem se mover de maneira mais livre e eficiente, reduzindo a sensação de confinamento.

Sustentabilidade e liberdade ecológica: Uma das grandes limitações do espaço urbano é a pressão sobre os recursos naturais e o meio ambiente. A sustentabilidade tornase, portanto, uma questão central na liberdade do ser moderno. As cidades do futuro precisam adotar práticas que promovam o uso responsável dos recursos, como a construção de prédios verdes, o uso de energia renovável e a implementação de soluções de reciclagem e reutilização de água. A sustentabilidade permite que o ser humano tenha mais liberdade para viver sem comprometer a saúde do planeta, garantindo um espaço habitável para as futuras gerações.

Modelos de Colaboração Coletiva: Da Solidariedade à Autossuficiência

Em um mundo cada vez mais conectado, a colaboração tornase um princípio fundamental para a construção de liberdade. Modelos de trabalho e convivência que enfatizam a solidariedade, a troca mútua e a autossuficiência estão se expandindo e criando novas formas de liberdade social e econômica.

Economia compartilhada e liberdade de consumo: A economia compartilhada, que inclui serviços como o transporte por aplicativos, aluguel de moradias temporárias e plataformas de troca de serviços, proporciona uma forma inovadora de utilizar recursos escassos sem a necessidade de possuílos individualmente. Essa abordagem não só reduz a pressão sobre os espaços urbanos, mas também permite que as pessoas tenham acesso a bens e serviços com menos impacto sobre o meio ambiente. Nesse modelo, o foco não está na posse, mas no uso colaborativo dos recursos, oferecendo maior liberdade em relação ao consumo e à utilização do espaço.

Cooperativas e redes de apoio local: As cooperativas de trabalho, as redes de apoio local e as iniciativas de produção comunitária oferecem modelos de organização que priorizam o bem coletivo em vez da competitividade e do lucro individual. Essas iniciativas permitem que as pessoas trabalhem de maneira mais colaborativa e autossuficiente, criando um ambiente onde a liberdade de escolha e a solidariedade se tornam centrais. Ao compartilhar recursos, conhecimentos e responsabilidades, as comunidades conseguem oferecer aos seus membros um grau maior de liberdade pessoal, pois todos se ajudam mutuamente, reduzindo a necessidade de depender de estruturas externas de poder.

Cidades colaborativas e a reconstrução do espaço comunitário: O conceito de cidades colaborativas propõe uma nova forma de organização urbana, onde os cidadãos têm um papel ativo na construção e manutenção do espaço público. Essa abordagem visa recuperar a ideia de liberdade coletiva, onde os indivíduos participam diretamente das decisões sobre o espaço que ocupam e compartilham. Em vez de ser um processo topdown, as cidades colaborativas são construídas de maneira descentralizada, com ênfase na participação cidadã, na criação de espaços comuns e na regeneração urbana, criando um ambiente onde todos têm acesso e influência sobre o espaço que habitam.

Trabalho Remoto e Liberdade Pessoal

O trabalho remoto é uma das grandes revoluções contemporâneas que tem possibilitado uma reinterpretação da liberdade. Ao se libertar das limitações do trabalho tradicional, o indivíduo pode exercer maior controle sobre seu tempo e espaço, criando um novo paradigma de liberdade pessoal e profissional.

A autonomia do trabalhador remoto: O trabalho remoto oferece aos indivíduos a liberdade de trabalhar de qualquer lugar, seja em casa, em um café ou em qualquer ambiente que considerem inspirador. Essa flexibilidade cria um espaço de liberdade pessoal, permitindo que as pessoas escolham onde e como desejam trabalhar, sem as restrições geográficas ou temporais impostas pelos escritórios tradicionais.

O impacto na qualidade de vida e no equilíbrio entre vida pessoal e profissional: Ao permitir que os trabalhadores escolham seus horários e ambientes de trabalho, o trabalho remoto contribui para a melhoria da qualidade de vida, ao reduzir o estresse, o tempo perdido com deslocamentos e a sobrecarga mental. Isso também permite que as pessoas dediquem mais tempo ao autocuidado, à família e aos interesses pessoais, promovendo uma sensação de liberdade em suas vidas diárias.

Desafios da autonomia no trabalho remoto: No entanto, o trabalho remoto também apresenta desafios, como o isolamento social, a dificuldade em estabelecer limites entre vida pessoal e profissional, e a sobrecarga de tarefas. A liberdade de escolher onde e quando trabalhar pode se tornar uma prisão se não for gerenciada corretamente. Por isso, é essencial que as pessoas encontrem um equilíbrio saudável e estabeleçam estruturas que permitam aproveitar ao máximo as vantagens do trabalho remoto, sem sacrificar o bem estar pessoal.

Tecnologia e Inteligência Artificial: O Futuro da Liberdade em um Mundo Digital

A tecnologia e a inteligência artificial desempenham um papel crescente na redefinição do espaço e da liberdade no futuro. Embora existam preocupações sobre o controle e a vigilância digital, também há um potencial enorme para usar essas ferramentas para expandir a liberdade humana, tornando os espaços mais acessíveis, os sistemas mais eficientes e as interações mais fluidas.

Automação e o aumento da liberdade pessoal: A automação de tarefas repetitivas e trabalhos manuais permite que os indivíduos se concentrem em atividades mais criativas, estratégicas e humanísticas. Ao diminuir a carga de trabalho físico e mental, a automação pode liberar o ser humano para viver de maneira mais plena e significativa, com maior liberdade para explorar novos interesses e desenvolver habilidades.

Tecnologia como facilitadora de espaços de colaboração: Ferramentas digitais como plataformas de videoconferência, softwares de colaboração e redes sociais têm o poder de ampliar o espaço de interação e colaboração, superando as barreiras físicas e geográficas. Ao criar uma rede global de possibilidades de comunicação e troca de ideias, a tecnologia abre novos horizontes de liberdade para os indivíduos, permitindo que participem de projetos e movimentos globais, independentemente de sua localização física.

À medida que a sociedade enfrenta a crescente escassez de espaço – mais por desorganização realmente - as novas formas de organização, colaboração e uso da tecnologia oferecem soluções que podem restaurar e até expandir a liberdade do ser moderno. Cidades mais inteligentes, modelos de trabalho colaborativos, iniciativas sustentáveis e a revolução digital oferecem oportunidades para criar ambientes mais inclusivos e libertadores, nos quais a falta de espaço físico é compensada pela liberdade de escolha, inovação e solidariedade. No entanto, é importante que essas soluções sejam aplicadas com cuidado e equilíbrio, garantindo que a liberdade conquistada não seja, paradoxalmente, substituída por novas formas de controle ou sobrecarga. A verdadeira liberdade dependerá da capacidade humana de criar um espaço que favoreça a autonomia, a criatividade e o bem estar coletivo.

CAPÍTULO 9

Educação para o Respeito aos Espaços e Sons – Construindo uma Sociedade Livre e Harmônica

A educação desempenha um papel fundamental na formação do caráter e na construção de uma sociedade respeitosa, onde a liberdade de cada indivíduo é preservada e valorizada. No entanto, para que essa liberdade seja genuína e não se transforme em uma forma de opressão ou desrespeito ao próximo, é essencial ensinar às crianças, desde cedo, a importância de respeitar os espaços e os sons ao seu redor. Este capítulo explora como a educação, focada nesses dois elementos cruciais, pode contribuir para a construção de uma sociedade mais livre, harmoniosa e capaz de respeitar as liberdades dos outros.

O Respeito ao Espaço – Fundamentação para uma Liberdade Coletiva

O espaço é um bem fundamental para todos os seres humanos, e a maneira como as crianças aprendem a tratálo influencia diretamente sua relação com o outro e com o mundo ao seu redor. Desde pequenos, é importante que as crianças compreendam que o espaço não é algo infinito e que a liberdade de um indivíduo termina onde começa a do outro. Ensinar o respeito ao espaço é ensinar o respeito à liberdade do outro.

O conceito de limites pessoais e coletivos: Desde a infância, as crianças devem ser incentivadas a entender que o seu espaço pessoal – o lugar onde estão, os objetos que lhes pertencem e suas atividades individuais – deve ser respeitado pelos outros. Isso inclui a aprendizagem sobre o direito ao silêncio, ao tempo pessoal e ao espaço físico. O respeito aos limites do outro é a base para a construção de uma convivência harmônica, onde a liberdade de um não invade a do outro. A educação para o respeito ao espaço ensina que a liberdade é uma construção coletiva, e que é possível viver de maneira livre sem prejudicar ou invadir o espaço alheio.

Espaços comuns e convivência coletiva: Além do espaço pessoal, as crianças devem ser educadas para respeitar os espaços públicos e coletivos, como escolas, praças e outros ambientes compartilhados. Isso inclui aprender a dividir, respeitar as necessidades dos outros e colaborar para manter esses espaços limpos, organizados e acessíveis para todos. O respeito pelos espaços comuns é um aprendizado de cidadania, que ensina as crianças a pensar na coletividade, a agir com responsabilidade e a ter uma visão mais ampla do seu papel na sociedade.

O conceito de "cuidar do espaço" como uma responsabilidade coletiva: Ensinar que o espaço é um bem comum e precisa ser preservado é uma forma de cultivar a noção de liberdade responsável. A educação que promove o respeito ao espaço também engaja as crianças em práticas de preservação ambiental, mostrando que a liberdade de usar os recursos naturais e o espaço urbano deve ser acompanhada pela responsabilidade de cuidar do meio ambiente para garantir que as futuras gerações possam usufruir dele da mesma maneira.

O Respeito aos Sons – O Valor do Silêncio e do Ruído na Liberdade Individual

O som é um dos elementos mais poderosos na formação do ambiente social, afetando a concentração, o bemestar e, especialmente, a liberdade do indivíduo. A educação para o respeito aos sons e ao silêncio é uma extensão do respeito ao espaço. Sons excessivos ou desrespeitosos podem invadir o espaço de outros, criando um ambiente de desconforto e privação de liberdade. Ensinar as crianças a respeitar os sons ao seu redor é um passo fundamental para garantir que todos possam viver em liberdade, sem serem forçados a suportar ruídos indesejados.

O som como uma extensão do espaço pessoal: A relação entre som e espaço é intrínseca, pois o som, ao contrário do espaço físico, pode se expandir e invadir o ambiente de outros sem barreiras claras. Ensinar as crianças sobre o volume adequado de suas vozes, a importância do silêncio em momentos de concentração (como durante estudos ou descanso) e o respeito ao uso de dispositivos sonoros em espaços públicos é uma forma de ajudar a construir um ambiente onde a liberdade sonora de um indivíduo não invada a liberdade do outro. Isso cria um equilíbrio saudável entre a liberdade individual de se expressar e a necessidade coletiva de paz e tranquilidade.

A educação sobre a diferença entre ruído e som harmônico: A

criança deve aprender a diferenciar os sons que são naturais e aceitáveis dos que são excessivos e perturbadores. O som das vozes em uma conversa, a música, ou até mesmo os sons da natureza podem ser prazerosos e enriquecedores, mas o ruído excessivo – como gritos, barulho de máquinas ou música em volumes altos – pode criar um ambiente de desconforto e ansiedade. Ensinar as crianças a identificar e respeitar esses limites contribui para o desenvolvimento de uma sociedade mais consciente e respeitosa em relação à liberdade dos outros.

Silêncio como uma ferramenta de reflexão e respeito: O silêncio também tem seu valor dentro dessa educação. Ensinar as crianças que o silêncio não é uma forma de opressão, mas uma ferramenta necessária para a reflexão, o descanso e a concentração, é essencial. O respeito pelo silêncio no ambiente escolar, nas bibliotecas, em casa, ou em momentos de descanso coletivo, permite que as crianças experimentem sua própria liberdade sem invadir a dos outros. O silêncio é, muitas vezes, uma forma de respeitar a necessidade do outro e garantir que cada indivíduo tenha o espaço necessário para se recuperar e recarregar suas energias.

Como a Educação do Respeito ao Espaço e aos Sons Impacta a Liberdade Social

Ao ensinar as crianças a respeitar o espaço e os sons, estamos preparando as futuras gerações para viver em uma sociedade mais equilibrada e menos conflituosa. A liberdade é um valor essencial, mas para que ela seja verdadeira e beneficie a todos, é necessário que ela seja equilibrada pelo respeito à liberdade alheia.

Convivência harmoniosa e respeito mútuo: A educação para o respeito aos espaços e sons cria um ambiente de convivência mais harmoniosa, onde as pessoas não precisam se sentir desconfortáveis ou invadidas. Quando a liberdade de todos é respeitada, há uma maior sensação de bemestar e satisfação na sociedade. A liberdade se torna, assim, um princípio coletivo e não algo individualista que prejudica os outros.

Responsabilidade social e comunitária: Ensinar as crianças sobre o impacto de suas ações no espaço e nos sons ao redor as prepara para a vida adulta com uma consciência social mais ampla. Elas aprendem que suas atitudes têm consequências para os outros e, por isso, devem ser tomadas com responsabilidade. Isso ajuda a criar uma sociedade mais solidária, onde os indivíduos colaboram entre si para garantir a liberdade e o bemestar de todos.

Prevenção de conflitos: Quando as crianças são educadas sobre o respeito aos espaços e aos sons, é mais provável que, ao crescerem, se tornem adultos capazes de lidar com as diferenças e as limitações impostas pela convivência em sociedade. Isso previne a criação de um ambiente onde a falta de respeito leva a conflitos e disputas, garantindo que a liberdade seja vivida de maneira construtiva e positiva.

A educação para o respeito aos espaços e aos sons é uma ferramenta poderosa para a construção de uma sociedade mais livre e harmônica. Ao aprender a respeitar o espaço físico e ro do outro, as crianças desenvolvem um senso de empatia, riedade e responsabilidade social que formam a base para uma convivência pacífica e respeitosa. A liberdade, quando bem compreendida, não é uma afirmação egoísta de si mesmo, mas uma busca pelo equilíbrio, onde cada indivíduo pode usufruir da sua autonomia sem prejudicar a dos outros. Assim, a educação para o respeito ao espaço e aos sons se torna um pilar essencial na formação de uma sociedade onde a liberdade é vivida de forma plena e respeitosa.

CAPÍTULO 10

A Sociedade e o Respeito ao Espaço Alheio – A Importância do Respeito aos Sons e à Liberdade Coletiva

A construção de uma sociedade verdadeiramente livre não se dá apenas pela liberdade individual, mas também pela capacidade coletiva de respeitar os direitos e espaços do outro. Nesse contexto, o respeito pelo espaço alheio e pelos sons não é apenas um reflexo de boa educação, mas um princípio fundamental que permite a convivência harmônica, o desenvolvimento social e o fortalecimento da liberdade como um valor coletivo. Devemos entender como a sociedade pode ser orientada para um maior respeito aos espaços alheios e ao impacto dos sons, promovendo um ambiente de liberdade, compreensão e cooperação.

O Respeito ao Espaço Alheio – Fundamentação para uma Liberdade Social

O conceito de espaço, em uma sociedade, vai além do território físico que ocupamos; ele também inclui os ambientes sociais e psicológicos que criamos em nosso cotidiano. O espaço, tanto o físico quanto o simbólico, deve ser respeitado por todos para garantir que a liberdade de cada indivíduo não se sobreponha à do outro.

Respeito pelo espaço público e coletivo: Nas cidades modernas, o espaço público é um bem comum, compartilhado por todos. No entanto, muitas vezes esse espaço é invadido de maneiras sutis ou explícitas, seja por falta de consciência social, seja por descaso com a convivência. A sociedade deve ser educada para que o uso desses espaços seja feito de maneira que preserve a tranquilidade e a liberdade de todos. Por exemplo, as ruas, praças, parques e outros ambientes devem ser usados de maneira responsável, sem que o comportamento de um grupo ou indivíduo interfira na experiência do outro. A sobrecarga de qualquer espaço, seja com lixo, com aglomerações ou com atitudes egoístas, é uma forma de violação da liberdade coletiva, pois o espaço deixa de ser acessível e agradável para todos.

O respeito ao espaço privado: Embora o espaço público seja fundamental, o respeito pelo espaço privado também é importante para a liberdade individual. O direito à privacidade e ao conforto em nossos lares, escritórios e outros espaços pessoais deve ser reconhecido como uma extensão do próprio corpo, um local onde o indivíduo tem o direito de ser livre para viver sem a invasão de outros. As normas sociais devem ser direcionadas para a construção de uma cultura que respeite essa privacidade, garantindo que a liberdade de um indivíduo não seja violada pelo comportamento do outro.

A importância da convivência pacífica: Ao respeitar o espaço do outro, estamos criando uma rede de respeito mútuo que permite a coexistência pacífica, mesmo em contextos de grande densidade populacional. O respeito ao espaço alheio também envolve o cuidado e a consideração pelo bemestar do próximo, reconhecendo que cada ser humano tem suas próprias necessidades e direitos, e que a verdadeira liberdade só se concretiza quando todos podem usufruir de seus espaços de maneira justa e igualitária.

A Influência dos Sons no Espaço Social – Educação e Respeito pela Tradição Sonora

Os sons, como os espaços, têm um papel fundamental na formação de um ambiente social saudável. O ruído excessivo ou desrespeitoso pode transformar um ambiente tranquilo em um local de conflito e desconforto, afetando a saúde física e mental das pessoas e, consequentemente, sua liberdade. O respeito aos sons é uma extensão natural do respeito ao espaço, pois assim como o espaço físico, o som tem o poder de invadir e modificar a experiência do outro, muitas vezes de maneira insuportável.

Ruído e sua relação com a saúde e o bemestar: O impacto do ruído no bemestar humano não pode ser subestimado. Em ambientes urbanos, o som excessivo, proveniente de carros, construções, festas ou outros fatores, pode ser uma forma de violência silenciosa, que invade o espaço de descanso e tranquilidade dos cidadãos. A sociedade deve ser orientada para a importância do controle do ruído, respeitando horários de descanso e utilizando tecnologias e práticas que minimizem os impactos sonoros negativos.

Sonoridade como elemento de expressão coletiva: Por outro lado, a sonoridade também é uma parte importante da nossa expressão cultural e social. Músicas, falas e sons naturais têm um papel significativo na criação de identidade e pertencimento a um grupo. A educação para o respeito aos sons não significa silenciar as vozes das pessoas ou suprimir a expressão sonora, mas sim encontrar um equilíbrio entre a liberdade de se expressar e o direito do outro ao silêncio e à paz. É necessário ensinar a sociedade que o volume e a intensidade dos sons devem ser controlados de acordo com o espaço em que estão sendo emitidos, para que a convivência não se torne uma imposição de uma sonoridade sobre outra.

A regulação do som no espaço público: Muitas cidades já adotaram políticas de controle de ruído, estabelecendo limites para sons em determinados horários ou em determinados locais. No entanto, o respeito a essas normas não é algo que deve ser imposto apenas pela autoridade pública. A sociedade precisa ser educada para compreender que o som é uma extensão do espaço e que deve ser tratado com a mesma consideração que damos ao ambiente físico. Isso inclui desde a maneira como usamos nossos dispositivos de áudio até o volume de nossas conversas em ambientes públicos, como transportes coletivos ou espaços comuns.

Caminhos para a Conscientização e Respeito Coletivo

Para que a sociedade se torne mais respeitosa em relação ao espaço e aos sons, é necessário um esforço contínuo de conscientização, educação e diálogo. O respeito pelo espaço e pelos sons deve ser ensinado desde a infância e reforçado ao longo da vida adulta, criando uma cultura de respeito mútuo que garanta que todos possam viver com liberdade, sem prejuízo para o próximo.

Educação para a liberdade compartilhada: As escolas, famílias e comunidades devem ensinar às novas gerações que a liberdade individual só é verdadeira quando respeita os direitos dos outros. Isso significa educar as crianças para a importância de dividir espaços, respeitar os outros e considerar o impacto de suas ações no bemestar coletivo. Isso inclui, especificamente, a aprendizagem sobre o controle do som em diferentes contextos, o respeito ao espaço alheio e a capacidade de empatia em relação ao outro.

Políticas públicas e regulamentação: A implementação de políticas públicas que incentivem o respeito aos espaços e ao controle do ruído é uma maneira eficaz de criar um ambiente urbano mais saudável. Além disso, é fundamental que haja uma regulação do uso de espaços públicos, para que sejam acessíveis e agradáveis a todos. Essas políticas devem ser baseadas na ideia de que a liberdade de um indivíduo é limitada quando ela infringe o direito de outro à paz e ao bemestar.

Tecnologias para redução do impacto sonoro: A sociedade também pode utilizar tecnologias para reduzir o impacto sonoro em ambientes urbanos e privados. Isolamento acústico, fones de ouvido para espaços públicos e sistemas de som de baixo impacto são algumas das inovações que podem ser incorporadas para garantir que o som seja utilizado de maneira mais consciente e respeitosa.

A sociedade moderna deve ser orientada para o respeito aos espaços e aos sons, pois ambos são fundamentais para o exercício da liberdade coletiva. Quando cada indivíduo entende que sua liberdade termina onde começa a do outro, o ambiente social se torna mais harmonioso, equilibrado e, sobretudo, mais livre. Respeitar o espaço alheio e o impacto dos sons é respeitar a liberdade do próximo, criando um ciclo virtuoso de convivência que assegura o bemestar de todos. A verdadeira liberdade, portanto, não é apenas um direito individual, mas uma responsabilidade coletiva que exige conscientização, educação e respeito.